GORBACHOV

El último dirigente de la URSS

Por Véronique Van Driessche
Traducido por Laura Bernal Martín

MIJAÍL SERGUÉYEVICH GORBACHOV

- **¿Nacimiento?** El 2 de marzo de 1931 en Privolnoie, en el territorio de Stávropol (República Socialista Federativa Soviética de Rusia).
- **¿Duración del mandato?** Del 11 de marzo de 1985 al 25 de diciembre de 1991.
- **¿Principales aportaciones?**
  - El fin de la Guerra Fría (1945-1990) y de la división Este-Oeste.
  - El fin de los regímenes comunistas en Europa del Este.
  - La disolución de la URSS (1990-1991).
  - La apertura a Occidente y a la democracia.

Cuando es nombrado secretario general del Partido Comunista de la Unión Soviética (PCUS), lo que le convierte en el —último— líder efectivo de la Unión Soviética, Mijaíl Gorbachov sabe que tendrá que realizar cambios radicales si quiere sacar a la Unión Soviética del callejón sin salida en el que está atrapada. Sin embargo, su acción será más amplia, y sus decisiones marcarán durante mucho tiempo la historia de Rusia, de Europa, del comunismo e incluso de la Guerra Fría. Revolucionará el orden mundial tal como se conoce desde 1945, y el modelo soviético en vigor desde 1922.

Aunque sigue siendo uno de los líderes del siglo XX menos querido por los rusos, los occidentales lo consideran un héroe, y en 1990 lo recompensaron con el Premio Nobel de la Paz por haber puesto punto final a la Guerra Fría, tras haberlo elegido hombre del año, y después de la década, en

1987 y 1989. De la misma manera, Gorbachov despierta una verdadera «gorbymanía» en los Estados Unidos. Lo cierto es que el mundo no puede olvidarse de sus esfuerzos por democratizar el comunismo, de su liberación de miles de disidentes, de la independencia que le devuelve a los países del bloque del Este, de su labor para lograr un acercamiento con Occidente y de la reducción bilateral de armas nucleares y químicas, firmando el fin de la Guerra Fría. Por todo ello, su influencia en el curso de la historia es innegable y vital.

BIOGRAFÍA

Retrato de Gorbachov.

UNOS ORÍGENES MODESTOS

Mijaíl Serguéyevich Gorbachov nace el 2 de marzo de 1931 en Privolnoie, un pueblo del territorio de Stávropol, en el sur de la República Socialista Federativa Soviética de Rusia y a los pies de las montañas del Cáucaso.

Procede de una familia de agricultores: sus padres, Sergei Andreyevich Gorbachov (1909-1976) y María Panteleíevna Gopkalo (1911-1993), trabajan en un koljós (explotación agrícola en el que los medios de producción son colectivizados). Bajo el mandato de Stalin (hombre de Estado soviético, 1878-1953), su abuelo paterno había sido enviado a realizar trabajos forzados en 1934 porque rechazaba la colectivización de tierras y era sospechoso de sabotaje, mientras que su abuelo materno había sido detenido y encarcelado en 1937-1938, porque se sospechaba que había creado una organización secreta.

Mijaíl Gorbachov nace con un angioma, una mancha roja, en la parte superior de la frente. Esta característica física, que parece no incomodarle y que nunca intenta ocultar, le hace fácilmente reconocible.

UNA JUVENTUD EN EL CAMPO

Durante la ocupación alemana (agosto de 1942-enero de 1943), el joven Mijaíl debe trabajar en el campo para alimentar a su pueblo; como su familia está muy falta de dinero, no vuelve a la escuela hasta el comienzo del año académico de 1944. Después, dedica su tiempo libre a trabajos agrícolas y, a los 17 años, es galardonado con la Orden de la Bandera Roja del Trabajo por su excelente rendimiento como conductor de cosechadoras, lo que le permite considerar realizar estudios universitarios. Desde los 14 años, es miembro del Komsomol, la Unión Comunista de la Juventud.

Termina la escuela secundaria en 1950, a los 19 años. Hasta 1955, estudia derecho en Moscú, en la prestigiosa Universidad de Lomonosov (MGU). Durante este período, se une al movimiento de estudiantes del Partido Comunista y, más tarde, en 1952, se incorpora al PCUS. También en Moscú conoce a Raisa Titarenko (1932-1999), que estudia filosofía y sociología, y con la que se casa en 1953, antes de que ambos terminen sus estudios. Su única hija, Irina, nacerá cuatro años más tarde.

UN INICIO DE CARRERA BAJO BUENOS AUSPICIOS

Regresa a su ciudad natal, donde trabaja como apparátchik («miembro asalariado a tiempo completo») en el seno de la sección local del Partido Comunista. Entre 1964 y 1967, estudia en la facultad de economía del Instituto de Agronomía de Stávropol. En esta época conoce a Yuri Andrópov (1914-1984), entonces jefe del KGB (el servicio de inteligencia soviético), que le aprecia y logra acelerar su carrera.

De 1970 a 1978, encabeza el Comité Regional del PCUS de

Stávropol; en 1971, a la edad de 40, se convierte en miembro del Comité Central del partido; en 1978, es nombrado secretario del Comité Central encargado de agricultura y se traslada a Moscú con su familia; el 21 de octubre de 1980, con solo 49 años, se convierte en miembro titular del Politburó (el buró político del Comité Central del Partido Comunista Soviético).

Tras la muerte de Leonid Brézhnev (1906-1982), apoya la candidatura de su mentor, Yuri Andrópov para el puesto de secretario general del PCUS, y se encarga, bajo su mandato, de la economía y del trabajo. Bajo la dirección del siguiente líder, Konstantín Chernenko (1911-1985), que llega muy enfermo al poder, pasa a ser el número dos del partido, el asistente del secretario general, al que reemplaza a menudo en las reuniones del Politburó, lo que le vale el apodo de «secretario general bis». Como presidente de la Comisión de Asuntos Exteriores del Sóviet de la Unión, da sus primeros pasos en la escena internacional, sorprendiendo a sus interlocutores por su mentalidad abierta y su tranquilidad.

LÍDER DE LA URSS

El 11 de marzo de 1985, tras la muerte de Chernenko, Mijaíl Gorbachov se convierte en el sexto secretario general del partido. A la edad de 54 años, representa una nueva generación de políticos e inspira confianza y esperanza, dos cualidades necesarias visto el abismo en el que está hundida la Unión Soviética. Se embarca en un programa de reformas profundas y de apertura a Occidente.

En octubre de 1988, es nombrado presidente del Presidium

del Sóviet Supremo (la autoridad suprema del Estado), y un año más tarde, organiza las primeras elecciones libres en la URSS. Ese mismo año, pone fin a la Guerra Fría y participa en la reunificación de Alemania. En marzo de 1990, es elegido presidente de la URSS por cinco años, pero la economía del país está por los suelos y en las Repúblicas Soviéticas despiertan los nacionalismos, que reclaman el fin de la dictadura comunista. En 1991, tras un golpe de Estado perpetrado por comunistas conservadores (18-21 agosto), dimite de su puesto como secretario general del partido y, el 25 de diciembre, de su puesto como presidente de la URSS. La Unión Soviética desaparece con él.

DESPUÉS DE LA URSS

Después de la caída de la URSS, Gorbachov se vuelve hacia la ecología y la defensa de la paz. En 1993, funda la Cruz Verde Internacional, una organización ambiental cuya misión es garantizar un futuro sostenible para toda la población del mundo. El 12 de marzo de 2012, a los 81 años, interviene en la apertura del VI Foro Mundial del Agua ante los delegados de 140 países. Expresa su apoyo a la creación de un tribunal internacional que se «encargue de juzgar a quienes son culpables de delitos ecológicos, tanto a jefes de empresa como a jefes de Estado o de Gobierno»[1] (Mercier y Valo 2002).

No obstante, no abandona la esfera política. Después de haberse presentado en 1996 como candidato para las elecciones presidenciales de la Federación de Rusia —en

---

1. Cita traducida por 50Minutos.es

las que obtiene menos del 1 % de los votos—, funda en 2001 el Partido Socialdemócrata de Rusia —que abandona en 2004— y más tarde, en 2008, el Partido Democrático Independiente de Rusia, con el multimillonario Alexander Lebedev (nacido en 1959). En 2011, intenta fundar un nuevo Partido Socialdemócrata de Rusia, pero no obtiene la autorización necesaria para hacerlo.

Hoy en día se presenta como un ferviente crítico del régimen ruso encarnado por Vladimir Putin (nacido en 1952). A pesar de que no apoya demasiado su autoritarismo interno, defiende su posición en la crisis ucraniana (en 2014-2015, Rusia reivindica la posesión de Crimea, incorporada a Ucrania).

LA URSS, 79 AÑOS DE HISTORIA

EL NACIMIENTO DE LA UNIÓN SOVIÉTICA

Después de la caída del zarismo (el poder pasa a manos de la burguesía) y de la Revolución de Octubre (el poder pasa a manos de los sóviets, que representan a los obreros y a los campesinos) de 1917, en el contexto de la Primera Guerra Mundial (1914-1918), y después de una guerra civil que continúa hasta 1920, se establece la República Socialista Federativa Soviética de Rusia (RSFSR), primer Estado comunista de la historia, bajo el liderazgo de Lenin (1870-1924) y del Partido Bolchevique, renombrado Partido Comunista en 1918. La consigna es la dictadura del proletariado (la mano de obra, según la doctrina marxista), que implica el reparto de tierras entre los campesinos y el control de los trabajadores en las fábricas.

El país es gobernado por un Presidium del Sóviet Supremo, cuyo presidente es el jefe teórico del Estado, y por un Consejo de Comisarios del Pueblo, formando el Gobierno. Detrás de todo esto reina el Partido Comunista, liderado por el Comité Central, cuyo órgano supremo es el Buró Político (Politburó), y cuyo secretario general es el jefe efectivo del Estado.

Lenin sermoneando a los soldados del Ejército Rojo en 1920.

Después de imponer un «comunismo de guerra» (nacionalización del comercio, de los bancos, de la industria e incluso de la artesanía), Lenin se ve obligado a suavizar el régimen: en 1921, su Nueva Economía Política (NEP) marca un retorno limitado al capitalismo de mercado, destinado a reanimar la economía soviética.

El 30 de diciembre de 1922 se crea la Unión de Repúblicas

Socialistas Soviéticas (URSS). Esta federación de Rusia, Ucrania, Bielorrusia y Transcaucasia (que incluye a Armenia, Georgia y Azerbaiyán) reagrupará a un total de 15 Repúblicas.

LA OMNIPOTENCIA DE STALIN

Lenin muere en 1924 y el brutal Iósif Vissariónovich Dzhugashvili, conocido bajo el nombre de Stalin, le sucede a la cabeza del Estado. Aprovechando su poderosa policía política y la burocratización, que se desarrolla ampliamente, logra imponer un poder absoluto durante más de un cuarto de siglo, sin dudar en poner en marcha un verdadero culto a su persona.

Stalin y Lenin.

Nacionaliza todas las tierras agrícolas, que organiza en koljóses y sovjóces, grandes fincas pertenecientes al Estado:

se trata de la colectivización. Quienes se oponen a ella son enviados los gulags (campos de trabajo forzado), creados en 1930. También nacionaliza todas las empresas e introduce, a partir de 1928, planes quinquenales que le asignan a cada una de ellas objetivos de producción precisos, cada vez más elevados, para los siguientes cinco años. La Unión Soviética se convierte en la tercera potencia industrial mundial, privilegiando la industria pesada (siderurgia, armamentos y energía) en detrimento de la población y de los bienes de consumo y a costa de grandes fallos (desperdicio de recursos, trabajo descuidado, etc.).

Entre 1934 y 1938, Stalin se deshace definitivamente de todos sus oponentes y de las personas descontentas con el régimen: es el período de la Gran Purga, también conocido como el Gran Terror, durante el que se ejecuta o se deporta a cientos de miles de personas.

LA URSS EN LA SEGUNDA GUERRA MUNDIAL

El 23 de agosto de 1939, Stalin, que no logra aliarse con las democracias europeas, firma con Adolf Hitler (1889-1945) un tratado de no agresión entre Alemania y la Unión Soviética. El 22 de junio de 1941, sin embargo, la Wehrmacht (el ejército alemán) lanza un violento ataque contra Rusia y en otoño de 1941 se encuentra a las puertas de Moscú. Pero el invierno ruso salva la situación, y en mayo de 1942, la segunda ofensiva alemana y la batalla de Stalingrado, que termina con la primera victoria de los soviéticos (invierno de 1942-1943), marcan un hito importante en el curso de la guerra, permitiendo que el Ejército Rojo lance la contraofensiva y recupere terreno a los alemanes, hasta su capitulación el 8 de mayo de 1945.

Batalla de Stalingrado.

Después de la guerra, los Estados Unidos y la Unión Soviética, todavía aliados contra la Alemania nazi, se oponen y crean dos alianzas, la OTAN (1949), que reúne a las democracias occidentales (los Estados Unidos, Canadá, Bélgica, Francia, Luxemburgo, los Países Bajos, el Reino Unido, Dinamarca, Italia, Noruega e Islandia) y el Pacto de Varsovia (1955), que firma la mayoría de los Estados del bloque comunista (la URSS, Albania, Rumanía, Bulgaria, Hungría, Polonia, Checoslovaquia y la República Democrática Alemana).

LA GUERRA FRÍA

Durante casi 50 años, el mundo debe repartirse entre estas dos superpotencias y sus ideologías opuestas, comunismo contra capitalismo. Europa es el principal centro de su rivalidad, que se extiende por todo el planeta.

Cuando Stalin muere el 5 de marzo de 1953, se espera una flexibilización del régimen, lo que parece confirmarse en 1956, cuando su sucesor, Nikita Kruschev (1894-1971), condena el sistema de represión, la burocracia y el culto a la persona de Stalin establecido por el propio antiguo líder de la Unión Soviética: es el principio de la desestalinización. Sin embargo, la represión con la que el Ejército Rojo frena el levantamiento de Budapest, en noviembre, muestra que este reblandecimiento es solo relativo. Además, en 1957 comienza la carrera espacial y armamentística, con la puesta en órbita del Sputnik, el primer satélite artificial, que da ventaja a los soviéticos, y después con el envío del primer hombre al espacio en 1961, Yuri Gagarin (1934-1968). En respuesta, el presidente estadounidense John Fitzgerald Kennedy (1917-1963) lanza el programa lunar, bajo los auspicios de la Administración Nacional de la Aeronáutica y del Espacio (NASA).

Construcción del muro de Berlín.

La construcción del muro de Berlín, el 13 de agosto de ese mismo año, aumenta las tensiones entre el Este y el Oeste, que alcanzan su punto álgido en octubre de 1962, con el caso de los misiles que la Unión Soviética instala en Cuba, que apuntan hacia los Estados Unidos. El enfrentamiento nuclear nunca ha estado tan próximo, y se hace patente la necesidad de poner en marcha acuerdos de desarme: es el principio la distensión.

LA ERA BREZNEV

En 1964, Leónidas Breznev sustituye a la cabeza del Partido Comunista a Kruschev, cuyos resultados no han sido satisfactorios. El nuevo líder hunde poco a poco al país en un estado de estancamiento y de inercia política, ahogado en la burocracia y en el alcohol. Cualquier disidencia o crítica del socialismo es rápidamente sofocada.

Respecto al bloque comunista, Breznev reafirma la no soberanía de los países satélite: es la doctrina Breznev, que se traduce en abril de 1968 en la represión de la Primavera de Praga, un intento de liberalización de Checoslovaquia. Además, pone fin a la distensión y relanza la carrera armamentística al programar el despliegue de misiles nucleares de alcance medio SS-20 en Europa del Este en 1977 y, después, con la invasión de Afganistán por el Ejército Rojo para apoyar al régimen comunista en 1979.

Occidente responde con la instalación de misiles estadounidenses Pershing 2 y de misiles de crucero en Europa Occidental. En marzo de 1983, Ronald Reagan (1911-2004) es elegido presidente de los Estados Unidos en 1980 y lanza el proyecto «Guerra de las Estrellas» (o SDI por sus siglas en inglés, Iniciativa de Defensa Estratégica), diseñado para crear sobre el territorio estadounidense un escudo espacial inviolable contra misiles nucleares soviéticos. La URSS, que ya dedica una gran parte de su presupuesto al armamento, nunca podrá estar a su altura.

En efecto, el coste económico es catastrófico. El modelo soviético llega a su límite en los años 1960-1970: el crecimiento se desacelera, la productividad del trabajo y los capitales se estancan, aumenta la escasez y el nivel de vida cae en picado, mientras que el trabajo en negro, la economía paralela y la corrupción están omnipresentes.

A finales de los años setenta, el KGB hace que se evalúe el PNB soviético en valor añadido (valor de la cantidad producida) según los estándares occidentales, y ya no en volumen (cantidad producida) según criterios socialistas, para poder ofrecer así una imagen fiel de la situación económica. Entonces, la URSS se ve superada por Japón y, muy pronto, por Alemania Occidental (RFA), mientras que China, que desde 1978 está llevando a cabo una revolución económica al restablecer las reglas capitalistas de la economía de mercado, muestra un gran dinamismo. Este sondeo será la causa de las reformas iniciadas por Gorbachov.

A nivel internacional, la situación no es mucho mejor. La Unión Soviética pierde aliados porque el comunismo resulta cada vez menos atractivo, y los países del bloque del Este comienzan a cuestionar los regímenes totalitarios y a reclamar su libertad. Este es el caso de Polonia, en particular, en 1979, bajo el liderazgo de Lech Walesa (nacido en 1943) y su sindicato libre Solidarnosc.

LÍDERES DEMASIADO MAYORES

El estancamiento de la Unión Soviética bajo Breznev se traduce especialmente en la no sustitución de los políticos, que permanecen indefinidamente en sus puestos. A principios de los años ochenta, el poder en la URSS está esencialmente en manos de septuagenarios, hasta el punto de que se habla de gerontocracia.

Breznev muere el 10 de noviembre 1982, y Yuri Andropov, el antiguo jefe del KGB, le sucede como líder del partido. Consciente del deplorable estado del país, comienza apartando de los puestos clave a los antiguos miembros del equipo de Breznev, que son acusados de incompetencia y procesados por corrupción. También intenta reanudar el diálogo con los Estados Unidos. Pero su edad es avanzada, y acaba enfermando y falleciendo el 9 de febrero de 1984.

El siguiente líder, Konstantín Chernenko, aún más mayor y gravemente enfermo, muere el 10 de marzo de 1985. Para sustituirle se elige a su adjunto al secretariado general del partido, Mijaíl Gorbachov, un hombre en la cincuentena.

MOMENTOS CLAVE

LAS NUEVAS CONSIGNAS: GLÁSNOST Y PERESTROIKA

El 11 de marzo de 1985, Gorbachov es elegido secretario general del partido, mientras que Andréi Gromyko (1909-1989) se convierte en presidente del Presidium del Sóviet Supremo. A los 54 años, Gorbachov, dinámico y cercano, representa la nueva generación de líderes políticos, formados después de la desestalinización de 1956.

Sabe que la crisis no solo es económica, sino también moral y social, y que solo la podrá resolver modificando por completo el sistema soviético, modernizándolo y liberalizándolo. Su primera reforma —una serie de medidas contra el alcoholismo— refleja su voluntad de despertar al pueblo para implicarlo más en la vida política y económica del país.

A continuación lanza su imponente proyecto de «reestructuración», la perestroika, que responderá a los problemas económicos, sociales, administrativos, institucionales y políticos: es una reforma integral, multifacética y compleja. El objetivo es democratizar el régimen comunista sin por ello perder sus bases.

Como no puede haber evolución hacia la democracia sin que se le ofrezca a la población una cierta libertad de expresión y de información, Gorbachov introduce en paralelo el principio de «transparencia», la glásnost. Se debe abolir la censura, permitir la libertad de prensa, rehabilitar a los antiguos disidentes y autorizar las organizaciones políticas de la oposición y las manifestaciones. Este aspecto de su política, que supone que se revelen muchos secretos, también sirve de arma de propaganda contra los conservadores que se negarían al cambio argumentando que todo va bien, o incluso de ayuda en la lucha contra la corrupción y los privilegios, y proporciona a los occidentales escépticos una prueba de buena fe.

LA LIBERALIZACIÓN POLÍTICA

Desde su llegada al poder, Gorbachov anuncia su deseo de renovar las estructuras del Estado soviético y del Partido Comunista. En los primeros meses, se rodea de un grupo de reformadores que comienzan a colocar a sus hombres en el seno del aparato político. En 1986 y 1987, se da cuenta de que es necesario acelerar el proceso democrático para involucrar a los ciudadanos, con el fin de que los comunistas conservadores no entierren sus reformas. Quiere separar el aparato del Estado del partido, pero logrando que este último conserve su papel de líder. Así, a través de la reforma, cree que puede salvaguardar el sistema. Pero tendrá que renunciar a hacerlo.

El 1 de octubre de 1988, es elegido presidente del Presidium del Sóviet Supremo, sustituyendo a Gromyko. De hecho, necesita ostentar este cargo para promulgar enmiendas constitucionales y, por tanto, para efectuar sus reformas políticas legalmente.

En diciembre del mismo año, emprende su primera reforma constitucional. En la primavera de 1989 (26 de marzo-23 de mayo), esta lleva a la creación de un Congreso de los Diputados del Pueblo, de los cuales dos tercios son elegidos por primera vez según la fórmula de elecciones libres, es decir, voto secreto en candidatura múltiple. Esta nueva asamblea legislativa será el principal órgano de gobierno de la URSS hasta 1991. El aparato del Estado y el partido se separan a partir de ahora.

En mayo de 1989, una reforma constitucional supone la creación de un puesto de presidente del Sóviet Supremo de la URSS, esta vez asociado a funciones reales de jefe de Estado, para el que Gorbachov es elegido el 25 de mayo de 1989 por el Congreso de los Diputados del Pueblo. Luego compagina sus cargos como secretario general del partido y como jefe de Estado, lo que lo convierte en el representante del partido y del aparato del Estado.

Durante el Tercer Congreso Extraordinario de los Diputados del Pueblo de la URSS (12-15 de marzo de 1990), el papel de líder del Partido Comunista se suprime oficialmente. Durante este mismo congreso se crea la función de presidente de la URSS. Gorbachov es elegido para este cargo por una duración de cinco años.

LA LIBERALIZACIÓN ECONÓMICA

La perestroika implica cambios importantes en el sistema económico del país, hasta entonces totalmente planificado, centralizado y controlado por el Estado. Gorbachov quiere liberalizarlo introduciendo progresivamente una economía de mercado y otorgándole más autonomía a las empresas. Busca implementar una economía mixta en la que el sector del Estado, que seguiría siendo dominante, vería sus gastos mitigados y sería impulsado por un sector privado cooperativo en la agricultura y los servicios.

Los años 1986-1988 ven la adopción de una serie de leyes y órdenes relativas a las empresas estatales, a las modalidades de comercio internacional, a la reorganización de la administración económica y a los principios de funcionamiento de los mercados. Sin embargo, estas reformas parecen incompletas: de hecho, no se cuestionan los fundamentos del régimen, la dictadura del proletariado y la propiedad estatal de los medios de producción. Gorbachov es prisionero de un conservadurismo que le impide alejarse completamente del comunismo y dar el gran salto, como algunos de sus colaboradores le aconsejan. Le cuesta aceptar una evolución del papel del Estado en la economía, de la función de las administraciones centrales y del sistema de precios. Además, sus reformas se enfrentan a la resistencia de la nomenklatura, los privilegiados del régimen comunista, que desean conservar sus beneficios a toda costa.

Dos años después de los prometedores resultados de 1986, la situación se deteriora. Los fallos de funcionamiento del sistema no desaparecen, a las empresas les cuesta ser autónomas, el sector privado cooperativo se encuentra con grandes dificultades de suministro, la calidad de los productos sigue siendo mediocre, y la baja productividad de la agricultura persiste, al igual que la escasez de bienes de consumo.

Enseguida se manifiesta el descontento general a través de huelgas, ahora autorizadas por la glásnost. A Gorbachov se

le reprocha haber destruido el sistema de planificación centralizado y no haber sido capaz de sustituirlo por verdaderos
mecanismos de mercado (no se decide a liberar los precios),
creando así una situación intermedia insostenible.

LA LIBERACIÓN DE LOS ANTIGUOS ESTADOS SATÉLITE DE LA URSS

En el funeral de su predecesor, Chernenko, en 1985,
Gorbachov anuncia que la Unión Soviética tiene la intención
de respetar los principios de igualdad entre Estados y de
no injerencia en la política interna de los países del Este,
que ahora son responsables del buen funcionamiento de
sus instituciones: es el final de la doctrina Breznev de no
soberanía de los Estados satélite. En 1987, en una visita a
Checoslovaquia, reitera esta afirmación, algo que volverá
a hacer un año más tarde ante las tribunas de la ONU. Sin
embargo, su auditorio sigue siendo escéptico hasta la caída
del muro de Berlín, símbolo de la Alemania comunista, en
la noche del 9 de noviembre de 1989. La falta de reacción
del líder soviético da la señal que provoca el estallido de las
revoluciones que se producen antes del final del año por
toda Europa del Este, donde los movimientos democráticos
prevalecen sobre el comunismo.

LA RETIRADA DE LA GUERRA FRÍA Y DE LOS CONFLICTOS INTERNACIONALES

La URSS debe reducir imperativamente los gastos en armamento que impiden su modernización. Para ello, es necesario aligerar la pesada carga que supone su rivalidad con los Estados Unidos. Con su participación en las reuniones de la CSCE (Conferencia para la Seguridad y la Cooperación en Europa) para normalizar sus relaciones con Europa, Gorbachov inicia a partir de 1985 una serie de reuniones en cumbres con su homólogo estadounidense para negociar el desarme de los dos bloques.

Debe esperar a la reunión de diciembre de 1987 en Washington para cerrar un primer acuerdo con Ronald Reagan sobre la eliminación de armas terrestres de corto y medio alcance, los euromisiles: es el Tratado INF (Fuerzas Nucleares de Alcance Intermedio).

Durante el encuentro que tiene lugar del 29 de mayo al 1 de junio de 1988 en Moscú, Gorbachov firma con George Bush padre (nacido en 1924), elegido presidente ese mismo año, unos acuerdos técnicos sobre pruebas de misiles y experimentos atómicos. En Malta, a principios del mes de diciembre de 1989, los dos jefes de Estado declaran que ya no son enemigos, poniendo así fin a 45 años de Guerra Fría. La situación entre las dos potencias continúa mejorando, y se firma un nuevo acuerdo en mayo-junio de 1990 en Washington, esta vez relativo a la reducción y destrucción de armas químicas. Un año después, Gorbachov y Bush firman el Tratado START (Tratado de Reducción de Armas Estratégicas), que prevé una reducción del 30 % en sus armamentos nucleares estratégicos.

Además de estos acuerdos, Gorbachov saca a la URSS de todos los conflictos relacionados con la Guerra Fría y la expansión del comunismo. En este sentido, programa la retirada gradual del Ejército Rojo de Afganistán (finalizada en febrero de 1989); anima a los vietnamitas a evacuar Camboya (abril de 1989) y a los cubanos a retirarse de Angola (agosto de 1988); y deja de apoyar a los regímenes comunistas de Cuba, Nicaragua y Etiopía. También normaliza sus relaciones con Pekín (mayo de 1989) y reanuda las relaciones diplomáticas con Israel (septiembre de 1990). Finalmente, condena la invasión de Kuwait por parte de Irak, anteriormente aliado de la Unión Soviética, y apoya a los Estados Unidos en la guerra del Golfo (agosto de 1990-febrero de 1991).

Entre 1989 y 1991, los regímenes comunistas se derrumban en Europa del Este y, en 1991, varios países anuncian su salida del Pacto de Varsovia, que se disuelve el 1 de julio. La OTAN se queda sola: es el fin de un mundo bipolar.

EL ASCENSO DE LOS NACIONALISMOS Y EL FIN DE LA URSS

En 1990, Gorbachov debe enfrentarse a un nuevo fenómeno que se desarrolla rápidamente, estimulado por los principios de liberalización que él mismo ha establecido: el surgimiento de los nacionalismos. Desde 1988, las Repúblicas Soviéticas, hasta entonces condenadas al silencio y a la sumisión, expresan reivindicaciones autonomistas o separatistas, empezando por las repúblicas bálticas (Estonia, Letonia y Lituania), que nunca habían aceptado su integración forzosa a la URSS en 1944. Lituania se declara independiente el 11 de marzo de 1990, seguida de cerca por sus vecinas. El 23 de agosto de 1989, se crea una cadena humana entre Tallin, Riga y Vilna, capitales de los tres países bálticos, para exigir la independencia.

A finales del año 1990, Gorbachov, abandonado por los demócratas, se vuelve hacia los comunistas conservadores, renueva el Gobierno y endurece temporalmente el régimen, permitiendo que el Ejército Soviético reprima con dureza las manifestaciones independentistas en Letonia y Lituania. En vista de las reacciones de la comunidad internacional y de los reformistas soviéticos, regresa a una postura más democrática. Después de haber organizado un referéndum el 17 de marzo de 1991 sobre la permanencia de la URSS en un tratado que satisfaría las aspiraciones nacionales de las Repúblicas, prepara la constitución de una nueva Unión de Estados Soberanos. El proyecto se publica a finales de julio y su ratificación está prevista para el 20 de agosto.

Mientras tanto, el 12 de junio de 1991, el demócrata Boris Yeltsin (1931-2007), que se opone a Gorbachov, es elegido presidente de Rusia, la mayor de las Repúblicas Soviéticas, cuya independencia proclama inmediatamente. Moscú se convierte en la sede de dos poderes enfrentados, la URSS de Gorbachov y la Rusia de Yeltsin.

EL GOLPE DE ESTADO DE 1991

El 15 de julio de 1991, Gorbachov asiste a la cumbre de los principales países industrializados en Londres, donde anuncia su intención de pasar a una economía de mercado. La concreta el 25 y 26 de julio en el pleno del Comité Central del PCUS con la adopción del programa «Socialismo, democracia y progreso».

Este nuevo golpe al comunismo motiva a los miembros conservadores del Gobierno, apoyados por el KGB y el ejército, a intentar dar un golpe de Estado. En 18 de agosto de 1991, en vísperas de la firma del Nuevo Tratado de la Unión, retienen a Gorbachov en su residencia de Crimea, lo declaran no apto para gobernar, decretan el estado de emergencia y ordenan que el ejército ocupe Moscú: se despliegan 500 tanques en puntos estratégicos de la ciudad. El presidente ruso Yeltsin se opone a los golpistas, y el pueblo, que le ha cogido gusto a la libertad, le apoya y multiplica las manifestaciones. Después de tres días, la mayoría de las tropas enviadas a Moscú se ponen del lado de los resistentes, y se detiene a los golpistas. Gorbachov regresa a Moscú, pero rápidamente se da cuenta de la evidencia: ya no tiene ningún poder. El 23 de agosto, Yeltsin suspende las actividades del PCUS en

Rusia, y a continuación en todo el territorio de la URSS; al día siguiente, Gorbachov renuncia a su cargo como secretario general del partido y el Sóviet Supremo se desintegra. El Partido Comunista, base de la URSS, ya no existe. En los días siguientes, ocho repúblicas soviéticas (Turkmenistán, Ucrania, Bielorrusia, Moldavia, Kazajstán, Azerbaiyán, Uzbekistán y Kirguistán) declaran su independencia.

Los dirigentes de los tres países fundadores de la URSS (Bielorrusia, Ucrania y Rusia), que se niegan a firmar el tratado de Gorbachov sobre la Unión Soviética, a la que declaran disuelta, deciden el 8 de diciembre crear una Comunidad de Estados independientes (CEI), a la que las otras Repúblicas (excepto Georgia y los países bálticos) se unen en pocos días.

Yeltsin proclama que todas las instituciones soviéticas dejarán de funcionar a finales de año. A las 19:00 del 25 de diciembre de 1991, Gorbachov anuncia en una entrevista de televisión que renuncia a su cargo como presidente de la URSS. Le transmite a Yeltsin los códigos de lanzamiento nucleares, elementos simbólicos del poder presidencial: es el fin de la Unión Soviética.

REPERCUSIONES

DE LA URSS A RUSIA

La Unión Soviética ya no existe. Toma el relevo la Federación de Rusia, que representa, en términos territoriales, demográficos y económicos, la parte más importante de la antigua URSS y que sigue siendo el país más grande del mundo, recuperando su lugar en la comunidad internacional y heredando sus deudas exteriores.

El hermano mayor ruso se esfuerza por mantener el control sobre las antiguas repúblicas soviéticas, convertidas en nuevos Estados independientes, que son extranjeros cercanos y que, en muchos aspectos, siguen dependiendo económicamente de Moscú. Sin embargo, a los nuevos Estados postsoviéticos les gustaría disfrutar de un mayor margen de libertad, y se observa con regularidad reacciones nacionalistas contra Rusia (la Revolución de las Rosas en Georgia en 2003, la Revolución Naranja en Ucrania en 2004, la Revolución de los Tulipanes de 2005 de Kirguistán, etc.).

DE LA ECONOMÍA PLANIFICADA A LA ECONOMÍA DE MERCADO

En 1992, se toma la decisión de aplicar una terapia de choque al sistema económico ruso, que pasa sin transición al capitalismo (privatización de las empresas) y a la economía de mercado (liberalización de los precios y del comercio exterior). Este cambio radical da lugar a un enorme caos (los precios se disparan, aparece el desempleo, el PIB se reduce a la mitad), provocando un colapso masivo de la economía que desemboca en una grave crisis financiera en 1998. Una porción significativa de la población está sin trabajo y vive en la pobreza, mientras que un puñado de individuos bien situados, los oligarcas, se enriquece escandalosamente, a menudo de manera deshonesta.

Después del declive de los años noventa, Rusia encuentra la senda del crecimiento gracias a reformas económicas y sociales, pero sobre todo a los precios cada vez más elevados de los hidrocarburos (Rusia es rica en petróleo y gas natural).

¿DEL COMUNISMO A LA DEMOCRACIA?

En diciembre de 1993, bajo la presidencia de Boris Yeltsin, se adopta la Constitución de la Federación de Rusia. Esta regula la distribución de poderes entre el presidente, el Gobierno y el Parlamento (la Duma), dando la apariencia de un régimen democrático, pero con un poder cada vez mayor en manos del presidente. Los años de Yeltsin son años de desorden económico y social, que hacen que los rusos detesten la democracia y sientan nostalgia de una época en la que el trabajo, la educación y la sanidad eran garantizados por el Estado.

En el año 2000, Vladimir Putin, fruto del KGB y presidente de la Federación de Rusia hasta el 2008, reelegido en 2012, quiere restaurar un Estado fuerte. Por ello, aumenta el poder presidencial fortaleciendo el papel de la administración y apoyándose en el ejército, en la policía y en los servicios de inteligencia. Aboga por una ideología nacionalista y un retorno a la Rusia de los zares, que justifican sus ambiciones expansionistas. Instala un autoritarismo electoral (no hay competencia leal entre la autoridad establecida y la oposición), y reduce la libertad de expresión y de acción de los medios de comunicación y de las ONG. Las esperanzas democráticas quedan atrás y se observa el desarrollo de un poder semiautoritario.

¿DE UN MUNDO BIPOLAR A UN MUNDO UNIPOLAR O MULTIPOLAR?

Con la desaparición del Imperio soviético, se establece «nuevo orden mundial» —en palabras de George Bush padre en un discurso ante el Congreso, en 1990—, dominado por los Estados Unidos que, como única gran potencia mundial, consideran que es su deber difundir su modelo de democracia liberal y garantizar el mantenimiento de la paz y del derecho internacional, por lo que se posicionan como supervisores del mundo. Porque aunque el enfrentamiento Este-Oeste termina, el riesgo de guerra no desaparece, como lo demuestra la guerra del Golfo, la desintegración de Yugoslavia (1991-1995) y, desde 2001, la aparición de una nueva forma de conflicto, el terrorismo.

Después de haberse esforzado inicialmente por mantener el diálogo y la cooperación con sus aliados respetando la autoridad de la ONU, los Estados Unidos se orientan progresivamente hacia una política cada vez más individualista y una gestión unilateral de los conflictos internacionales. No obstante, aunque siguen dominando indiscutiblemente en materia de poder militar, su proyección mundial, que determina su capacidad de influencia y de persuasión sobre el resto del mundo (lo que se llama el *soft power*, «el poder blando») experimenta un fuerte declive. El modelo estadounidense debe competir ahora con los modelos propuestos por potencias emergentes como Japón, la India, China o incluso con la Unión Europea.

EN RESUMEN

- Mijaíl Gorbachov nace en 1931 en una Unión Soviética totalmente controlada por su líder, Joseph Stalin, que impone un comunismo autoritario después de haber nacionalizado en masa las tierras agrícolas (colectivización) y las empresas, a las que asigna rigurosos objetivos de producción (planificación). La URSS se coloca rápidamente entre las primeras potencias industriales y construye un verdadero imperio después de la Segunda Guerra Mundial, compitiendo con los Estados Unidos en la Guerra Fría. Este aparente éxito esconde mucha miseria y problemas de funcionamiento, que crecerán y conducirán al país al abismo.

- Hasta 1955, Gorbachov estudia derecho y agronomía. Comienza una carrera de apparatchik y rápidamente escala puestos en las filas del Partido Comunista, primero en su región de origen y luego en Moscú.

- En 1985, con solo 54 años, se convierte en el sexto líder de la URSS. La tarea que le espera es considerable, ya que la Unión Soviética está económicamente al borde del colapso. Sabe que no podrá sobrevivir sin grandes reformas, tanto políticas como económicas, que le permitan abrirse al mundo. Establece le perestroika («reestructuración», que da lugar a una cierta descentralización) y la glásnost («transparencia», que concede libertad de expresión), con el objetivo de democratizar el sistema comunista. Además, se retira de todos los conflictos relacionados con la Guerra Fría y la expansión del comunismo para reducir el exagerado gasto militar. Pero esto no basta: la situación económica empeora y las repúblicas soviéticas, liberadas por la glásnost, empiezan a reclamar su independencia.

- En el verano de 1991, comunistas conservadores cercanos al Gobierno intentan dar un golpe de Estado, que fracasa después de tres días, pero que deja a Gorbachov sin ningún tipo de autoridad frente al nuevo dirigente de Rusia, antigua República Soviética, Boris Yeltsin, que decide suspender las actividades del Partido Comunista, precipitando la caída de la Unión Soviética. Gorbachov renuncia a su cargo como jefe de Estado el 25 de diciembre de 1991.

- Gorbachov, que es galardonado con el Premio Nobel de la Paz en 1990 por haber puesto fin a la Guerra Fría, comienza desde entonces a defender la ecología y la paz en el mundo a través de la fundación de la Cruz Verde Internacional.

- Fracasa en sus intentos de volver a la vida política en su país. Sigue siendo el líder del siglo XX menos apreciado por los rusos, mientras que en el resto del mundo siempre ha sido escuchado y respetado.

¡Tu opinión nos interesa!
¡Deja un comentario en la página web de tu librería en línea,
y comparte tus favoritos en las redes sociales!

PARA IR MÁS ALLÁ

FUENTES BIBLIOGRÁFICAS

- Bergeron, Gérard. 1992. *Finie, la guerre froide?* Sillery (Quebec): Septentrion.
- Désert, Myriam. "Gorbatchev Mikhaïl (1931-)". *Encyclopædia Universalis*. Consultado el 13 de diciembre de 2016. http://www.universalis.fr/encyclopedie/mikhail-gorbatchev/
- Favarel-Garrigues, Gilles y Kathy Rousselet. 2010. *La Russie contemporaine*. París: Librairie Arthème Fayard.
- Gorbachov, Mijaíl. 1991. *Le Putsch*. París: Olivier Orban.
- Gorbachov, Mijaíl. 1992. *Perestroïka*. París: Flammarion.
- Gorbachov, Mijaíl. 1993. *Avant-mémoires*. París: Odile Jacob.
- Gorbachov, Mijaíl. 1997. *Mémoires*. Mónaco: Éditions du Rocher.
- Gorbachov, Mijaíl e Daisaku Ikeda. 2001. *Dialogue pour la paix*. Mónaco: Éditions du Rocher.
- Gorbachov, Mijaíl. 2002. *Mon manifeste pour la Terre*. París: Éditions du Relié.
- Gratchev, Andreï. 2001. *Le mystère Gorbatchev: la terre et le destin*. Mónaco: Éditions du Rocher.
- Gratchev, Andreï. 2011. *Gorbatchev, le pari perdu? De la perestroïka à l'implosion de l'URSS*. París: Armand Colin, colección *Comprendre le monde*.
- Heyraud, Henri. 1992. *La fin de la guerre froide: perspectives*. Lyon: Presses universitaires de Lyon.
- Lecomte, Bernard. 2014. *Gorbatchev*. París: Perrin.
- Mercier, Anne-Sophie y Martine Valo. 2012. "Gorbatchev

- plaide pour un tribunal écologique mondial". *Le Monde*, 13 de marzo.
- Perchoc, Philippe. 2008. "Gorbatchev et la *perestroïka*: des objectifs initiaux aux conséquences inattendues". *Nouvelle Europe*. Consultado el 13 de diciembre de 2016. http://www.nouvelle-europe.eu/node/528
- Pryce-Jones, David. 1996. *La guerre qui n'a pas eu lieu: l'étrange agonie de l'Empire soviétique, 1985-1991*. París: Grasset.
- Rey, Marie-Pierre, Alain Blum, Gérard Wild y Anne De Tinguy. 2005. *Les Russes. De Gorbatchev à Poutine*. París: Armand Colin.
- Vaïsse, Maurice. 2002. *Les relations internationales depuis 1945*. París: Armand Colin, coleccion *Cursus*.
- Wert, Nicolas. 2013. *Histoire de l'Union soviétique de Khrouchtchev à Gorbatchev, 1953-1955*. París: PUF, colección *Que sais-je?*

FUENTES ICONOGRÁFICAS

- Retrato de Gorbachov. La imagen reproducida está libre de derechos.
- Lenin sermoneando a los soldados del Ejército Rojo en 1920. © Goldshtein G.
- Stalin y Lenin. La imagen reproducida está libre de derechos.
- Batalla de Stalingrado. La imagen reproducida está libre de derechos.
- Construcción del muro de Berlín. © The Central Intelligence Agency.

PELÍCULAS Y DOCUMENTALES

- *¡Tan lejos, tan cerca!* Dirigida por Wim Wenders, con Peter Falk, Nastassja Kinski y Bruno Ganz. Alemania, 1993.
- *La Batalla de Chernóbil.* Dirigido por Thomas Johnson. Francia, 2006.
- *La hora 11.* Dirigida por de Nadia Conners y Leila Conners Petersen. Estados Unidos, 2007.
- *Vamos a permanecer en la Tierra.* Dirigida por Olivier Bourgeois y Pierre Barougier. Francia, 2009.
- *Gorbatchev-Védrine: une histoire inédite du Mur.* Dirigida por Stéphane Paoli. Francia, 2009.
- *Los últimos días de la URSS.* Dirigida por Jean-Charles Deniau. Francia, 2011.
- *Mikhaïl Gorbatchev, simples confidences.* Dirigida por Gulya Mirzoeva. Francia, 2011.